BEI GRIN MACHT SICH IHR
WISSEN BEZAHLT

- Wir veröffentlichen Ihre Hausarbeit,
  Bachelor- und Masterarbeit

- Ihr eigenes eBook und Buch -
  weltweit in allen wichtigen Shops

- Verdienen Sie an jedem Verkauf

Jetzt bei www.GRIN.com hochladen
und kostenlos publizieren

Benjamin Reichenbach

Die Sicherheitsarchitektur der Afrikanischen Union (AU) und der Darfur-Konflikt

GRIN Verlag

Bibliografische Information der Deutschen Nationalbibliothek:

Die Deutsche Bibliothek verzeichnet diese Publikation in der Deutschen National-bibliografie; detaillierte bibliografische Daten sind im Internet über http://dnb.d-nb.de/ abrufbar.

Impressum:

Copyright © 2008 GRIN Verlag GmbH
Druck und Bindung: Books on Demand GmbH, Norderstedt Germany
ISBN: 978-3-656-13359-9

Dieses Buch bei GRIN:

http://www.grin.com/de/e-book/189238/die-sicherheitsarchitektur-der-afrikanischen-union-au-und-der-darfur-konflikt

Ludwig-Maximilians-Universität München

Geschwister-Scholl-Institut für Politikwissenschaft

Sommersemester 2007

Proseminar

Internationale Beziehungen

Sub-Sahara Afrika in der Krise – Ursachen und Perspektiven

Die Sicherheitsarchitektur der Afrikanischen Union (AU) und der Darfur-Konflikt

Benjamin Reichenbach
6. Semester
Politische Wissenschaft (HF)
Neuere und Neueste Geschichte (NF)
Neuere Deutsche Literatur (NF)

INHALTSVERZEICHNIS

ABKÜRZUNGSVERZEICHNIS

AMIS	African Union Mission in Sudan = Mission der Afrikanischen Union in Sudan
AMU	Arabische Maghreb-Union
APF	African Peace Facility = Afrikanische Friedenseinrichtung
ASF	African Standby Force = Afrikanische Eingreiftruppe
AU	African Union = Afrikanische Union
CEMAC	Communauté économique et monétaire de l'Afrique Centrale = Zentralafrikanische Wirtschafts- und Währungsgemeinschaft
DPA	Darfur Peace Agreement = Darfur Friedensabkommen
ECOWAS	Economic Community of West African States = Westafrikanische Wirtschaftsgemeinschaft
IGAD	Intergouvernmental Authority on Development = Zwischenstaatliche Entwicklungsbehörde
JEM	Justice and Equality Movement = Bewegung für Gerechtigkeit und Gleichheit (im Sudan)
OAU	Organisation of African Unity = Organisation für Afrikanische Einheit
ONUC	Opération des Nations Unies au Congo = Operation der Vereinten Nationen im Kongo
PSC	Peace and Security Council = Friedens- und Sicherheitsrat (der Afrikanischen Union)
SADC	Southern African Development Community = Südafrikanische Wirtschaftsgemeinschaft
SLM/A	Sudan Liberation Movement/Army = Sudanesische Befreiungsbewegung/-armee
UN	United Nations = Vereinte Nationen (VN)

UNAMID	United Nations African Union Mission in Darfur
	= Mission der Vereinten Nationen und der Afrikanischen Union in Darfur
UNAMIR	United Nations Assistance Mission in Rwanda
	= Unterstützungsmission der Vereinten Nationen für Ruanda
UNMIS	United Nations Mission in the Sudan
	= Mission der Vereinten Nationen im Sudan
UNITAF	Unified Task Force
	= Vereinter Eingreifverband (zur Stabilisierung Somalias)
UNOSOM	United Nations Operation in Somalia
	= Operation der Vereinten Nationen in Somalia

Afrikanische Konflikte und militärisches Eingreifen

Afrika ist der konfliktreichste Kontinent der Welt. In keinem anderen Erdteil mussten die Vereinten Nationen (UN) so oft militärisch eingreifen wie auf dem schwarzen Kontinent. Nachdem sich die Veto-Mächte im UN-Sicherheitsrat in der Zeit des Kalten Krieges weitestgehend gegenseitig blockiert hatten, kam es in der Endphase des Ost-West-Konfliktes zu einer Expansion an UN-Friedensmissionen.[1] Das machte sich gerade auch auf dem afrikanischen Kontinent bemerkbar, der „zu einem Hauptschauplatz der friedenssichernden Operationen der Weltorganisation" wurde.[2]

War es seit dem ersten bewaffneten Einsatz von UN-Blauhelmtruppen im Kongo (ONUC, 1960-1964) bis zum Ende der achtziger Jahre zu keinem einzigen weiteren afrikanischen UN-Einsatz gekommen, so wurden seitdem insgesamt 16 weitere UN-Friedensmissionen auf dem afrikanischen Kontinent zu Ende geführt.[3] Dabei hat die internationale Gemeinschaft in den 90er Jahren teilweise sehr schlechte Erfahrungen mit militärischen Einsätzen auf dem afrikanischen Kontinent gemacht. Nach dem ausbleibenden Erfolg des Einsatzes UNOSOM I in Somalia verabschiedete der UN-Sicherheitsrat 1992 die Resolution 794, die ein neues Kapitel in der Geschichte des UN-Peacekeeping eröffnete. In der Resolution heißt es:

> „The Security Council [...] endorses the recommendation by the Secretary General [...] that action under Chapter VII of the Charta of the United Nations should be taken in order to establish a secure environment for humanitarian relief operations in Somalia as soon as possible."[4]

Auf dieser Grundlage kam es mit der nach Kapitel VII der UN-Charta (Maßnahmen bei Bedrohung oder Bruch des Friedens und bei Angriffshandlungen) ermächtigten Militäraktion Unified Task Force (UNITAF) für Somalia zur ersten humanitären UN-Intervention.[5] Unmittelbar darauf folgte der erste „robuste" Blauhelmeinsatz

---

[1] Varwick, Johannes / Sven Bernhard Gareis: Die Vereinten Nationen. Aufgaben – Instrumente – Reformen, 2. Aufl., Leske+Budrich, Opladen 2002, S.115-116

[2] Matthies, Volker: Zwischen Erfolg und Fehlschlag. Die Friedensmissionen der Vereinten Nationen in Afrika, Vereinte Nationen, 3 (1995), S. 105-110, hier S.105

[3] Namibia (UNTAG, 1989-1990), Angola (UNAVEM I+II+III, 1989-1997; MONUA, 1997-1999), Somalia (UNOSOM I+II, 1992-1995), Mosambik (ONUMOZ, 1992-1994), Ruanda und Uganda (UNOMUR, 1993-1994), Liberia (UNOMIL, 1993-1997), Ruanda (UNAMIR, 1993-1996), Tschad und Libyen (UNASOG, 1994), Sierra Leone (UNOMSIL, 1998-1999, UNAMSIL 1999-2005), Zentralafrikanische Republik (MINURCA, 1998-2000), Burundi (ONUB, 2004-2006);
[Quelle: United Nations Peacekeeping, UN Website, URL
http://www.un.org/Depts/dpko/dpko/, aufgerufen am 27.12.07]

[4] UN Security Council: Resolution 794 (1992), UN Website, URL
http://daccessdds.un.org/doc/UNDOC/GEN/N92/772/11/PDF/N9277211.pdf?OpenElement, aufgerufen am 27.12.07

[5] Matthies, Volker: Die UNO am Horn von Afrika: Die Missionen in Somalia (UNOSOM I, UNITAF, UNOSOM II) und in Äthiopien/Eritrea (UNMEE). In: Schorlemer, Sabine von (Hrsg.): Praxishandbuch

(UNOSOM II), bei dem Maßnahmen des traditionellen Peacekeeping mit begrenzten militärischen Zwangsmaßnahmen gemäß Kapitel VII kombiniert wurden.[1] Solche Blauhelmmandate, die die Anwendung von Zwang und militärischer Gewalt erlauben, gelten als „*Peacekeeping* der dritten Generation."[2] Die von den USA unter UN-Mandat geführte Operation in Somalia mündete 1993 dennoch in eine Katastrophe. Fernsehbilder von getöteten US-Soldaten, die vom wütenden Mob durch die Straßen von Mogadischu geschleift wurden, gingen um die Welt.[3] US-Präsident Bill Clinton zog daraus die Konsequenz der UN keine amerikanischen Truppen mehr zur Verfügung stellen zu wollen. 1995 wurde die völlig gescheiterte Mission UNOSOM II eingestellt und die letzten UN-Soldaten zogen aus dem vom Krieg zerrütteten Somalia ab. Das „Mogadischu-Syndrom" führte in den USA zu einer Abkehr vom Multilateralismus, die bereits 1994 in der Handlungsunwilligkeit des UN-Sicherheitsrats gegenüber Ruanda zum Ausdruck kam.[4] Trotz der Stationierung einer UN-Blauhelmtruppe (UNAMIR) kam es in Ruanda zum Völkermord der Hutu an den Tutsi, bei dem 800.000 Menschen umgebracht wurden. Mit dem Scheitern der UN-Missionen in Somalia und Ruanda sank insgesamt die Bereitschaft der UN-Mitgliedsstaaten sich bei der Entsendung von Friedensmissionen nach Afrika zu beteiligen.[5]

Nachdem es Mitte der 90er Jahre zu einem Rückgang an Militäreinsätzen in Afrika gekommen war, stieg die Anzahl von UN-Missionen wenige Jahre später wieder an. Das Interesse der internationalen Gemeinschaft an Afrika besteht heute in mehrerlei Hinsicht: zum einen wuchs nach dem 11. September 2001 der sicherheitspolitische Wille keine grauen Flecken auf der Weltkarte entstehen zu lassen, die dem Terrorismus dienen könnten, zum anderen erfährt Afrika eine geostrategische Renaissance, da einige Regionen Afrikas zu den weltweit wichtigsten Ölanbietern geworden sind.[6] Derzeit sind

---

UNO. Die Vereinten Nationen im Lichte globaler Herausforderungen, Springer, Berlin/Heidelberg 2003, S.41-60, hier S.42; auch Varwick / Gareis: Die Vereinten Nationen, S.202

[1] Matthies: Die UNO am Horn von Afrika, S.48-49

[2] Kühne, Winrich: Die Friedenseinsätze der VN. In: Aus Politik und Zeitgeschichte (APuZ), 22 (2005), S.25-32, hier S.27; auch Varwick / Gareis: Die Vereinten Nationen, S.129-130

[3] Debiel, Tobias: Friedenseinsätze der UN in Afrika. Bilanz, Lehren und (mangelnde) Konsequenzen. In: Vereinte Nationen, 2/2002, S.57-61, hier S.58

[4] Matthies: Die UNO am Horn von Afrika, S.51

[5] Klingebiel, Stephan: Die neue Friedens- und Sicherheitsarchitektur in Afrika: Interessen und Ansatzpunkte der G8 und EU. In: Klingebiel, Stephan: Afrika Agenda 2007. Ansatzpunkte für den deutschen G8-Vorsitz und die EU-Ratspräsidentschaft, Deutsches Institut für Entwicklungspolitik (DIE), Discussion Paper 18/2006, Bonn 2006, S.49-53, hier: S.49; auch Varwick / Gareis: Die Vereinten Nationen, S.130

[6] Klingebiel, Stephan: Africa's new peace and security architecture. In: African Security Review 14 (2) (2005), S.35-44, hier S.36-37

UN-Soldaten im Rahmen von sieben verschiedenen Einsätzen in Sub-Sahara Afrika tätig: In der Demokratischen Republik Kongo (MONUC, seit 1999), in Eritrea und Äthiopien (UNMEE, seit 2000), in Liberia (UNMIL, seit 2003), in der Elfenbeinküste (UNOCI, seit 2004), im Sudan (UNMIS, seit 2005), in der Zentralafrikanischen Republik, im Tschad (MINURCAT, seit 2007) sowie in Dafur (UNAMID, seit 2007).[1]

Die Gründung der Afrikanischen Union (AU)

Aufgrund der mäßigen Resultate militärischen Eingreifens erwuchs gerade auch in Afrika selbst die Einsicht notwendigerweise nach neuen Ansätzen zur Konfliktlösung zu suchen.[2] Durch die Unterzeichnung der Gründungsakte der Afrikanischen Union (AU) im Jahr 2000 in Lomé, Togo, ersetzten die afrikanischen Staats- und Regierungschefs die seit 1963 bis dahin bestehende Organisation für Afrikanische Einheit (OAU). Im Jahre 2002 trat die Afrikanische Union als panafrikanische regionale Nachfolgeorganisation der OAU in Kraft. Ihr gehören 53 Staaten an – alle Staaten Afrikas außer Marokko. 2005 wurde die Mitgliedschaft Mauretaniens wegen des dortigen Militärputsches suspendiert. Als Begründung zur Umwandlung der OAU in die AU wurde unter anderem auch die Problematik fehlender Strategien zur Friedensherstellung und -sicherung angeführt. In der Einleitung der Gründungsakte der AU heißt es:

> „im Bewusstsein der Tatsache, dass die Geisel der Konflikte in Afrika ein Haupthindernis für die sozioökonomische Entwicklung des Kontinents darstellt und dass die Notwendigkeit besteht, Frieden, Sicherheit und Stabilität als eine Vorbedingung für die Durchführung unserer Entwicklungs- und Integrationsagenda zu fördern."[3]

Einige Beobachter sahen darum in der neuen gesamtafrikanischen Institution eine historische Chance für die Einheit Afrikas und die politische Stabilität des Kontinents,[4] während andere dem Konfliktlösungspotential der Organisation eher kritisch gegenüberstehen.[5] Die Kritiker verweisen neben den fehlenden gesellschaftlichen, politischen und ökonomischen Voraussetzungen für eine funktionsfähige supranationale

---

[1] United Nations Peacekeeping, UN Website, URL http://www.un.org/Depts/dpko/dpko/, aufgerufen am 27.12.07
[2] Matthies, Volker: Friedenspolitische Bearbeitung kriegerischer Konflikte. In: Ferdowsi, Mir A. (Hrsg.): Afrika – ein verlorener Kontinent? Bayerische Landeszentrale für politische Bildung, München 2004, S.225-248, hier S.225
[3] Gründungsakte der Afrikanischen Union (AU). In: Ferdowsi, Mir A. (Hrsg.): Afrika – ein verlorener Kontinent? Bayerische Landeszentrale für politische Bildung, München 2004, S.315-324, hier S.315
[4] Meyns, Peter: Von der OAU zur "Afrikanischen Union". In: Internationale Politik, 11 (2001), S. 45-52
[5] Cilliers, Jakkie: Towards the African Union. In: African Security Review, 2 (2001), S.105-108

afrikanische Union vor allem auf die extremen Mängel an Finanzen und Ressourcen.[1] In jedem Fall war die Gründung der Afrikanischen Union von entscheidender Bedeutung für die Entwicklung einer neuen Friedens- und Sicherheitsarchitektur für den afrikanischen Kontinent.[2] Die Institution AU hat neue Strukturen geschaffen, auf deren Grundlage sie sich verspricht, angemessener auf Konflikte in Afrika reagieren zu können. Im Folgenden soll diese neue Struktur und ihre praktische Anwendung in Darfur aufgezeigt werden.

Die Sicherheitsarchitektur der AU

Mit dem Inkrafttreten der Gründungsakte der AU im Jahre 2002 wurde die Afrikanische Union als Nachfolgeorganisation der OAU begründet. Die wichtigsten Organe der AU sind die Versammlung der Union (Art. 6), Exekutivrat (Art. 10), Panafrikanisches Parlament (Art. 17), Gerichtshof (Art. 18), Kommission (Art.20), Wirtschafts-, Sozial- und Kulturrat (Art. 22), der erst nachträglich eingerichtete Friedens- und Sicherheitsrat (*Peace and Security Council* – PSC) sowie die drei Finanzinstitutionen Afrikanische Zentralbank, Afrikanischer Währungsfonds und Afrikanische Investmentbank (Art. 19).[3] Lehnt sich die AU in ihrer Namensgebung an die Europäische Union an, so zeigen ihre Organe eine gewisse Orientierung an den Vereinten Nationen.

Artikel 4 der Gründungsakte der AU enthält friedens- und sicherheitspolitisch entscheidende Grundsätze: Dazu zählt die Anerkennung der Grenzen seit dem Erreichen der Unabhängigkeit (Art. 4 b), die Schaffung einer gemeinsamen Verteidigungspolitik für den afrikanischen Kontinent (Art. 4 d), die friedliche Beilegung von Konflikten zwischen den Mitgliedstaaten (Art. 4 e), die Nichteinmischung der Mitgliedsstaaten in die inneren Angelegenheiten eines anderen (Art. 4 g), sowie die Verurteilung nicht verfassungsgemäßer Regierungswechsel (Art. 4 p).[4] Der radikale Unterschied zwischen der AU und ihrer Vorgängerorganisation OAU liegt allerdings in der Möglichkeit einer Intervention in die inneren Angelegenheiten eines Staates, die sich als Grundprinzip der AU – ganz im Gegensatz zum Nichteinmischungsgebot der OAU – im Recht der Union zur Intervention bei Kriegsverbrechen, Völkermord und Verbrechen gegen die

---

[1] Matthies: Friedenspolitische Bearbeitung kriegerischer Konflikte, S.241
[2] Klingebiel: Africa´s new peace and security architecture, S.36
[3] Gründungsakte der Afrikanischen Union (AU), S.318-323
[4] ebd., S.317-318

Menschlichkeit (Art. 4 h) und im Recht der Mitgliedsstaaten um das Eingreifen der Union zu ersuchen (Art. 4 j) ausdrückt.[1]

Unmittelbar nach ihrer Gründung hat die AU damit begonnen, eine kontinentale Sicherheitsarchitektur unter ihrem Dach aufzubauen. Besondere Bedeutung hat der 2004 eingerichtete PSC, dem 15 Mitglieder nach regionalem Schlüssel angehören.[2] Fünf Mitglieder aus Nord-, Ost-, Süd-, West- und Zentralafrika werden auf drei Jahre gewählt, weitere zehn (drei aus Westafrika, zwei aus Ost-, Süd- und Zentralafrika, eines aus Nordafrika) auf zwei Jahre. Jedes Mitgliedsland verfügt über eine Stimme und es besteht kein Vetorecht. Gemäß Artikel 8 (13) des Protokolls zur Gründung des PSC sollen Entscheidungen im Konsens getroffen werden, können aber bei fehlendem Konsens durch 2/3-Mehrheit (bei Verfahrensfragen sogar durch einfache Mehrheit) getroffen werden.[3] Neben dem PSC besteht auch eine gut ausgestattete Administration innerhalb der AU-Kommission (*Directorate for Peace and Security*).[4]

Die Sicherheitsarchitektur der AU stützt sich idealtypisch auf fünf Regionalorganisationen: Die Westafrikanische Wirtschaftsgemeinschaft (ECOWAS), die *Intergovernmental Authority on Development* (IGAD), die Arabische Maghreb-Union (AMU), die Südafrikanische Entwicklungsgemeinschaft (SADC) und die Zentralafrikanische Wirtschaftsgemeinschaft (CEMAC). Zwischen den einzelnen Regionalorganisationen bestehen allerdings starke Unterschiede im Aufbau, inhaltlicher Ausrichtung und Effizienz.[5] Traditionell kam den Regionalorganisationen sicherheitspolitisch keine entscheidende Rolle zu. Bis dato war lediglich die ECOWAS, die über einen weltweit einmalig Mechanismus zur Prävention und Beendigung von Konflikten verfügt, in Westafrika in einzelnen Konfliktsituationen in Liberia, Sierra Leone und der Elfenbeinküste mit Missionen in Erscheinung getreten.[6]

---

[1] Kinzel, Wolf: Afrikanische Sicherheitsarchitektur – ein aktueller Überblick, German Institute of Global and Area Studies (GIGA), Institut für Afrika-Kunde, GIGA Focus Afrika, Hamburg 2007, S.2; Matthies: Friedenspolitische Bearbeitung kriegerischer Konflikte, S.241
[2] Kinzel: Afrikanische Sicherheitsarchitektur, S.2
[3] African Union: Protcol relating to the establishment of the Peace and Security Council of the African Union, AU-Website, URL http://www.africa-union.org/root/au/organs/psc/Protocol_peace%20and%20security.pdf, aufgerufen am 3.2.08 auf; auch Schmidt, Siegmar: Prinzipien, Ziele und Institutionen der Afrikanischen Union. In: Aus Politik und Zeitgeschichte (APuZ), 4 (2005), S.25-32, hier S.29
[4] Klingebiel: Die neue Friedens- und Sicherheitsarchitektur in Afrika, S.49-50
[5] Hofmeier, Rolf: Regionale Kooperation und Integration. In: Ferdowsi, Mir. A. (Hrsg.): Afrika – Ein verlorener Kontinent?, Bayerische Landeszentrale für politische Bildung, München 2004, S.189-224; hier S.203-217; Klingebiel: Die neue Friedens- und Sicherheitsarchitektur in Afrika, S.50
[6] Kühne: Die Friedenseinsätze der VN, S.31; Matthies: Friedenspolitische Bearbeitung kriegerischer

Zur Umsetzung von PSC-Beschlüssen soll bis 2010 eine 15.000 Mann starke Eingreiftruppe (*African Standby Force* – ASF) aufgestellt werden, für deren Einsätze jede Regionalorganisation eine eigene Brigade aufstellt.[1] Für die Truppenzusammensetzung existieren bereits detaillierte Planungen, für mögliche Einsätze der ASF sind mehrere Konfliktszenarien entworfen worden.[2]

Ein grundsätzliches Problem der AU in Hinblick auf die Bereitstellung militärischer Kapazitäten liegt im mangelhaften Zustand vieler afrikanischer Truppen. Abgesehen von Südafrika verfügt kein einziger Staat Sub-Sahara Afrikas über eine moderne Armee,[3] wobei den Armeen Angolas und Nigerias jedoch zumindest ein relativ hohes Fähigkeitspotential zugeschrieben werden kann.[4] 2003 entsandte die AU ihre erste Friedensmission zur Stabilisierung des Friedensprozesses in Burundi, die 2004 von den Vereinten Nationen übernommen wurde.[5] Ihre bisher wichtigste Mission stellt allerdings der Friedenseinsatz in Darfur dar, der im Folgenden untersucht werden soll.

Sudan und der Ausbruch des Darfur-Konflikts

Im Jahr 2003 kam es zu einem gewalttätigen Konflikt in der westsudanesischen Provinz Darfur, bei dem bis heute insgesamt über 200.000 Menschen ums Leben kamen und 2,5 Millionen vertrieben wurden.[6] Im Wesentlichen stehen sich dabei die arabisch-dominierte sudanesische Regierung unter Präsident Al-Baschir und die von der Regierung unterstützten arabischen Reitermilizen Janjaweed auf der einen Seite, sowie die beiden schwarzafrikanischen Rebellengruppen SLM/A (*Sudan Liberation*

Konflikte, S.237-238; Hofmeier: Regionale Kooperation und Integration, S.206-207; Klingebiel: Die neue Friedens- und Sicherheitsarchitektur in Afrika, S.49

[1] Kinzel: Afrikanische Sicherheitsarchitektur, S.2; Klingebiel: Africa´s new peace and security architecture, S.36, 42-43; Schmidt: Prinzipien, Ziele und Institutionen der Afrikanischen Union, S.29

[2] Kinzel: Afrikanische Sicherheitsarchitektur, S.2-3

[3] Ansprenger, Franz: Afrika in der UNO. In: Schorlemer, Sabine (Hrsg.): Praxishandbuch UNO, Heidelberg 2003, S.61-82, hier S.61

[4] Meinken, Arno: Militärische Kapazitäten und Fähigkeiten afrikanischer Staaten. Ursachen und Wirkungen militärischer Ineffektivität in Subsahara-Afrika, SWP-Studie, Berlin 2005, S.30-33

[5] Kühne: Die Friedenseinsätze der VN, S.31; Klingebiel, Stephan: Die neue Friedens- und Sicherheitsarchitektur in Afrika, S.50

[6] Aus Platzgründen kann der Dafur-Konflikt hier nicht in allen Einzelheiten wiedergegeben werden. Für eine kompakte historisch fokussierte Darstellung vgl. Khalafalla, Khalid Y.: Der Konflikt in Darfur. In: Aus Politik und Zeitgeschichte (APuZ), 4 (2005), S.40-46 sowie Köndgen, Olaf: Tragödie in Dafur, Konrad-Adenauer-Stiftung, KAS-Auslandsinformationen, 10 (2004), S. 4-16; eine etwas umfangreichere aktuell ausgerichtete Darstellung bietet Strube-Edelmann, Birgit: Der Darfur-Konflikt – Genese und Verlauf, Deutscher Bundestag, Wissenschaftliche Dienste, WD 2 – 186/06, Berlin 2006; Zahlenangaben zitiert nach Auswärtiges Amt: Der Dafur-Konflikt im Sudan. Auswaertiges Amt Website, URL http://www.auswaertiges-amt.de/diplo/de/Aussenpolitik/RegionaleSchwerpunkte/Afrika/SudanDarfur.html, aufgerufen am 4.1.08

Movement/Army)[1] und die Bewegung für Gerechtigkeit und Gleichheit JEM (*Justice and Equality Movement*) auf der anderen Seite gegenüber.

Traditionell bestehen in Darfur Ressourcenkonflikte (um Wasser und Land) zwischen sesshaften Ackerbauern und nomadisierenden Kamel- und Viehzüchtern, die sich in den letzten Jahren ethnisch verfestigt haben, so dass sich die Auseinandersetzung auf einen Gegensatz zwischen der arabisch-nomadischen und der schwarzafrikanisch-sesshaften Bevölkerung zuspitzen lässt.[2] Es muss allerdings hinzugefügt werden, dass die ethnische Gegenüberstellung (arabisch vs. schwarzafrikanisch) eine grobe Vereinfachung der „äußerst komplexen ethnischen Strukturen in den verschiedenen Teilen Dafurs" darstellt.[3] Da alle Einwohner Darfurs Muslime sind, handelt es sich nicht um einen religiösen Konflikt. Bedeutung erlangen allerdings die Erdölvorkommen in Darfur, deren Kontrolle sich die Regierung sichern will und an deren Einnahmen die Rebellen beteiligt werden wollen.[4]

Neben den ökologischen, ethnischen und ökonomischen Faktoren spielt auch die wirtschaftliche und politische Marginalisierung Darfurs (ähnlich wie die anderer Regionen Sudans) eine wichtige Rolle bei der Genese des Konflikts:[5] Weder die britische Kolonialregierung noch die sudanesischen Regierungen nach der Unabhängigkeit unternahmen Maßnahmen zur besseren Entwicklung Darfurs oder einer stärkeren Verbindung mit Khartum. Zudem stand Darfur bis dahin im Schatten des seit Jahrzehnten andauernden Nord-Süd-Konflikts im Sudan.

Als die Verhandlungen zur Beendigung des über zwanzigjährigen Bürgerkriegs zwischen dem Norden und dem Süden im Frühjahr 2003 begonnen hatten, griffen die Aufständischen im westlichen Landesteil Darfur zu den Waffen und es kam zu den ersten bewaffneten Auseinandersetzungen, die massive Gegenreaktionen der

---

[1] Teilweise auch nur als SLA (Sudan Liberation Army) bezeichnet. Die Bewegung spaltete sich Ende 2003 in zwei Flügel, geführt von Minna Minawi und Abdel Wahid El Nur. (Strube-Edelmann: Der Darfur-Konflikt, S.14)
[2] Strube-Edelmann: Der Darfur-Konflikt, S.11
[3] Köndgen: Tragödie in Dafur, S.7-8
[4] Strube-Edelmann: Der Darfur-Konflikt, S.12
[5] Radeke, Helen / Wolf-Christian Paes: Zwischen Ignoranz, Delegation und dem Ruf nach militärischem Aktionismus. Die internationale Staatengemeinschaft und der Konflikt in Darfur, BICC-Focus, Bonn International Center for Conversion, Bonn 2006, S.1-2; Köndgen: Tragödie in Dafur, S. 6; Strube-Edelmann: Der Darfur-Konflikt, S.12

sudanesischen Regierung hervorriefen. Der Konflikt eskalierte vor allem nachdem die von der Regierung bewaffneten Janjaweed-Milizen zivile Ziele bombardierten.

Um die Friedensverhandlungen mit dem Süden nicht zu gefährden, übte die internationale Gemeinschaft zunächst keinen Druck auf die sudanesische Regierung aus.[1] Die Mächte im UN-Sicherheitsrat konnten sich nicht zu einem aktiven Eingreifen entschließen, da sich die Vetomächte mit ihren unterschiedlichen Eigeninteressen in der Region gegenseitig blockierten. „Die Handlungsfähigkeit der Vereinten Nationen […] wurde stark durch den mangelnden politischen Willen der Sicherheitsratsmitglieder eingeschränkt, eine klare Linie in Darfur zu verfolgen und ihrer Rhetorik mit deutlichem Engagement auf diplomatischer und militärischer Ebene Nachdruck zu verleihen."[2] Mit der Resolution 1564 beschloss der UN-Sicherheitsrat im September 2004 die Etablierung einer internationalen Untersuchungskommission zur Aufklärung von Menschenrechtsverletzungen in Darfur.[3] In ihrem Ergebnis berichtet die Kommission „von Massenexekutionen, Massenvergewaltigungen, Vertreibungen sowie der Verhinderung der Rückkehr der Flüchtlinge durch Abbrennen von Dörfern und zerstören von Brunnen. Den Janjaweed wird vorgeworfen, dass sie unter Verantwortung der sudanesischen Regierung ungestraft schwerste Menschrechtsverletzungen und Gräueltaten an der afrikanisch-stämmigen Zivilbevölkerung in Darfur begehen."[4] Während die USA die Verbrechen in Darfur im September 2004 als Völkermord bezeichneten,[5] weigerten sich China und Russland allerdings Sanktionen gegen die sudanesische Regierung zu verhängen.

Der Militäreinsatz der AU in Darfur (AMIS) und die Folgen

Nachdem die VN und der Sicherheitsrat offensichtlich nicht die Handlungsfähigkeit bzw. den Handlungswillen besaßen zu agieren, wuchs der Druck von anderer Seite her in den Konflikt einzugreifen. „Aufgrund der politischen und militärischen Impotenz der Vereinten Nationen im Fall Darfur stieg das Interesse an einem alternativen regionalen Sicherheitsakteur […] der Afrikanischen Union, die sich nach ihrer Neugründung 2002

---

[1] Radeke / Paes: Zwischen Ignoranz, Delegation und dem Ruf nach militärischem Aktionismus, S.2
[2] ebd.
[3] UN Security Council: Resolution 1564 (2004), UN Website, URL
http://daccessdds.un.org/doc/UNDOC/GEN/N04/515/47/PDF/N0451547.pdf?OpenElement, aufgerufen
am 3.2.08
[4] Strube-Edelmann: Der Darfur-Konflikt, S.16
[5] ebd., S.18

verstärkt als sicherheitspolitischer Faktor etablieren konnte und mit einer Friedensmission in Burundi auch über erste Erfahrungen in diesem Bereich verfügte."[1] Darum entsandte die Afrikanische Union (unter Zustimmung der sudanesischen Regierung) eine Friedenstruppe von anfangs 400, später bis zu 7700 Soldaten – die Mission der Afrikanischen Union in Sudan (AMIS) – die zur Überwachung des Waffenstillstandsabkommens eingesetzt wurde, das zwischen der sudanesischen Regierung sowie SLM/A und JEM im April 2004 in N´Djamena, Tschad, ausgehandelt worden war. Die AU-Staaten Gambia, Kenia, Nigeria, Ruanda, Senegal und Südafrika stellten das Truppenkontingent für AMIS.[2] Finanziell und logistisch ist die AMIS auf westliche Geberstaaten angewiesen,[3] was sich schnell als eines der grundlegendsten Probleme erweisen sollte.[4] Die AU sah sich mit zahlreichen Problemen konfrontiert, die eine Verbesserung der Lage und eine Beruhigung des Konflikts deutlich erschwerten.

Bereits bei der Stationierung von Soldaten scheiterte die AU an ihren eigenen Ansprüchen in der Umsetzung ihrer Darfur-Politik. Bis Anfang 2005 waren noch immer nur 1000 von geplanten 3200 AU-Soldaten im Sudan.[5] Insgesamt verfügte AMIS von Anfang an nicht über wichtige Ressourcen von Logistik über Transportkapazitäten bis hin zu qualifiziertem Personal.[6] Wenngleich der Mangel an Infanteristen binnen einen Jahres behoben werden konnte, so fehlten auch dann noch Spezialisten der Signalaufklärung, des Nachrichtendienstes und des Stabsdienstes.[7]

Ende 2004 verschlechterte sich die Sicherheitslage in Darfur weiter. Unter anderem kam es zum Abschuss eines Helikopters der AU-Beobachtermission, für den die SLM/A verantwortlich gemacht wurde.[8] Daraufhin wurden die Zusammensetzung sowie das Mandat von AMIS sukzessive ausgeweitet und um eine Polizeikomponente ergänzt.[9] 2005 haben die UN mit der Resolution 1593 den Internationalen Strafgerichtshof in Den Haag mit der Untersuchung von Massakern und Verbrechen in Darfur beauftragt.[10]

---

[1] Radeke / Paes: Zwischen Ignoranz, Delegation und dem Ruf nach militärischem Aktionismus, S.3
[2] Strube-Edelmann: Der Darfur-Konflikt, S.22
[3] Von Juni 2004 bis Oktober 2006 erhielt AMIS unter anderem 212 Millionen Euro aus dem EU-Entwicklungsfonds, der wichtigsten Finanzquelle der Mission.
[4] Radeke / Paes: Zwischen Ignoranz, Delegation und dem Ruf nach militärischem Aktionismus, S.1
[5] Tull, Dennis: Der Sudan nach dem Navaisha-Friedensvertrag. Noch kein Anlass zur Euphorie, SWP-Aktuell, Berlin 2005, S.5
[6] Radeke / Paes: Zwischen Ignoranz, Delegation und dem Ruf nach militärischem Aktionismus, S.3
[7] ebd., S.4
[8] Tull: Der Sudan nach dem Navaisha-Friedensvertrag, S.5 und 7
[9] Radeke / Paes: Zwischen Ignoranz, Delegation und dem Ruf nach militärischem Aktionismus, S.3
[10] Strube-Edelmann: Der Darfur-Konflikt, S.4

Trotz Ausweitung der AMIS verschärfte sich die Krise seit Herbst 2005 weiter, was zu stärkeren politischen Vermittlungsversuchen seitens der Afrikanischen Union führte.[1] Im Mai 2006 wurde bei den von der AU geleiteten Friedensverhandlungen in Abudja, Nigeria, ein Teilfrieden erzielt.[2] Die sudanesische Regierung und der Teil der Rebellenbewegung SLM/A unter Minna Menawi unterzeichneten in der nigeranischen Stadt das *Darfur Peace Agreement* (DPA). Die JEM sowie der SLM/A-Flügel von Abdel Wahid El Nur verweigerten ihre Zustimmung zu dem Abkommen aus inhaltlichen Gründen. Das DPA sieht unter anderem die Entwaffnung der Janjaweed-Milizen und eine höhere Machtbeteiligung und Repräsentation Darfurs auf nationaler Ebene vor, sowie die Durchführung eines umfassenden Dialoges und Versöhnungsprozesses zwischen den verschiedenen gesellschaftlichen Gruppen Darfurs.[3] Da nur eine der drei Rebellengruppen das Abkommen unterzeichnete, waren die Aussichten auf eine Umsetzung des Teilfriedens von Anfang an äußerst gering. In der Folge kam es zu einer Zersplitterung innerhalb der beiden Rebellenbewegungen (die sich teilweise gegenseitig bekämpfen), sodass die Umsetzung politischer Verhandlungen und Vereinbarungen mehr und mehr in Frage gestellt werden muss.[4]

Die Unzulänglichkeiten der AMIS-Mission, die seit dem Teilfrieden von Abudja zusätzlich mit der Überwachung des Entwaffnungsprozesses und der Demobilisierung der Konfliktparteien beauftragt war und sich aufgrund von Ressourcenmangel zu einem teilweisen Rückzug gezwungen sah, erhöhten den Willen der UN die AU durch ein eigenes Truppenkontingent abzulösen, was die sudanesische Regierung aber strikt ablehnte.[5] Nach der Verabschiedung der Resolution 1706 im UN-Sicherheitsrat, die die Ersetzung von AMIS durch Blauhelmtruppen forderte, sah es im September 2006 sogar kurzzeitig nach einem Abzug der AMIS aus, bevor die AU deren Mandat doch noch verlängerte.[6]

---

[1] Strube-Edelmann: Der Darfur-Konflikt, S.19
[2] vgl. im Folgenden Öhm, Manfred: Sudan: Bringt der Teilfrieden von Abudja ein Ende der Gewalt in Darfur?, Friedrich-Ebert-Stiftung (FES), Kurzberichte aus der internationalen Entwicklungszusammenarbeit, Berlin 2006
[3] Der vorgesehene Dialog innerhalb Darfurs hat insofern besondere Bedeutung als er den „ungeheuer komplexen Sozialbeziehungen und Landfragen in Darfur Rechnung" trägt und die Einbindung bisher ausgeschlossener zivilgesellschaftlicher Gruppen ermöglichen würde. (Öhm: Sudan, S.2) Zudem besitzen Stammeskonferenzen im Sudan große Tradition bei der Konfliktlösung (Köndgen: Tragödie in Darfur, S.6-7)
[4] Wadle, Sebastian: Die African Mission in Sudan. Schlüssel für den Frieden in Darfur, SWP-Aktuell, Berlin 2006, S.3
[5] Strube-Edelmann: Der Darfur-Konflikt, S.22-23; Radeke / Paes: Zwischen Ignoranz, Delegation und dem Ruf nach militärischem Aktionismus, S.3
[6] Radeke / Paes: Zwischen Ignoranz, Delegation und dem Ruf nach militärischem Aktionismus, S.1

Die Friedensmission von UN und AU in Darfur („Hybridmission" UNAMID)

Im November 2006 haben Afrikanische Union und Vereinte Nationen schließlich den Übergang von der jetzigen AU-Mission AMIS zu einer größeren, aus AU- und UN-Truppen gemeinsam zusammengesetzten Hybridmission beschlossen.[1] Diese Hybridmission ist ein Novum in der Geschichte internationaler Friedenseinsätze.

Nach anfänglicher Weigerung stimmte die sudanesische Regierung unter steigendem internationalem Druck im Juni 2007 der Stationierung einer solchen Hybridmission aus AU und UN in Darfur zu. Mit der Resolution 1769 autorisierte der UN-Sicherheitsrat am 31. Juli 2007 die Entsendung der Friedensmission UNAMID (*United Nations African Union Mission in Darfur*), die etwa 26.000 Soldaten und Polizisten umfasst und AMIS bis Ende 2007 ablösen und die mehr als 7.000 AMIS-Soldaten integrieren sollte. Laut UN-Generalsekretär Ban Ki Moon handelt es sich bei UNAMID um die größte Peacekeeping-Operation in der Geschichte der Vereinten Nationen.[2] „UNAMID hat ein robustes Mandat nach Kapitel VII der VN-Charta, um neben dem Eigenschutz der Mission auch die Bewegungsfreiheit der humanitären Helfer zu gewährleisten sowie die baldige und wirksame Durchführung des Friedensabkommens für Darfur zu unterstützen, die Störung seiner Durchführung sowie bewaffnete Angriffe zu verhindern und Zivilpersonen zu schützen."[3] Um diese Aufgaben gewährleisten zu können, müssen allerdings zunächst die Voraussetzungen der Truppenstellung und ihre Stationierung in Darfur durchgeführt werden. Bei der Stationierung der ersten UNAMID-Soldaten zeigte sich bereits die destruktive Haltung der sudanesischen Regierung, die den Einsatz von nichtafrikanischen Soldaten strikt ablehnt und sich darum lange gegen einen Übergang von AMIS zu UN-Blauhelmtruppen gewehrt hatte. So verweigerte Khartum den schwedischen und norwegischen Soldaten, die für UNAMID vorgesehen waren, die Einreise, woraufhin beide Staaten ihre Truppenzusagen zurückzogen.[4] Anfang Januar 2008 umfasste UNAMID gerade einmal etwa 9000 Soldaten, von denen die meisten freilich als Teil von AMIS in UNAMID eingegliedert wurden.[5] Es wird also noch einige einige Zeit dauern bis die UN-Truppe ihre volle Stärke von 26.000 Mann erreicht. Kritiker bezweifeln, dass es überhaupt dazu kommen wird. Es bleibt somit abzuwarten

---

[1] vgl. im Folgenden Auswärtiges Amt: Der Dafur-Konflikt im Sudan
[2] Richter, Nicolas: Das Drama in Darfur. In: Süddeutsche Zeitung, Nr. 176 (2007), 2.8.2007
[3] Auswärtiges Amt: Der Dafur-Konflikt im Sudan
[4] Gamillscheg, Hannes / Helmar Dumbs: Darfur-Mission vor dem Scheitern. Aufgerufen am 5.2.08 von die Presse Website http://diepresse.com/home/politik/aussenpolitik/354391/index.do
[5] ebd.

wie sich die Hybridmission entwickeln wird. Soll sie ein Erfolg werden, bedarf es allerdings enormer Anstrengungen und politischen Willens der beteiligten Staaten.

Bewertung des militärischen Engagements der AU in Darfur

Zweifellos stellt der Einsatz in Darfur die bislang wichtigste Mission der Afrikanischen Union dar. Mit der Entsendung von AMIS „zeigte sich die Afrikanische Union zwar einerseits in einer äußerst schwierigen Konfliktsituation handlungsfähig, zugleich wurde aber rasch deutlich, dass der Einsatz nicht die beabsichtigten Wirkungen zum Schutz der Bevölkerung erzielte."[1]

Ein fundamentales Problem des AMIS-Einsatzes war bereits die Tatsache, dass die Mission über kein robustes Mandat verfügte, um mit Waffengewalt die Zivilbevölkerung zu schützen.[2] Eingesetzt zur Überwachung des Waffenstillstandsabkommens von N´Djamena sahen sich die AU-Truppen damit konfrontiert humanitäre Hilfe und den Schutz der Zivilbevölkerung zu leisten, Aufgaben, die in ihrem Mandat nicht vorgesehen waren.[3] „Die AMIS war als reine Beobachtermission entstanden und dementsprechend materiell und logistisch eher sehr begrenzt ausgestattet. Zur Durchführung eines komplexen multidimensionalen Einsatzes im Rahmen einer *Peacekeeping* Mission ist die Truppe weder personell noch materiell oder logistisch ausgestattet und daher dazu auch nicht in der Lage."[4] Nicht die Truppen, sondern die politischen Grundlagen, auf denen sie eingesetzt wurden, waren unzureichend.[5]

Die AU-Truppen konnten somit eine Ende oder wenigstens eine Eindämmung der humanitären Katastrophe in Darfur nicht erreichen. Auch das später hinzu gekommene Ziel, die Janjaweed-Milizen zu entwaffnen, wurde weit verfehlt.

Grundlegendes Problem der AU ist, dass die Finanzierung ihrer Sicherheitsmechanismen die Möglichkeiten der Organisation und ihrer Mitglieder übersteigt.[6] Auf Anfrage der AU etablierte die Europäische Union „die *African Peace*

---

[1] Klingebiel: Die neue Friedens- und Sicherheitsarchitektur in Afrika, S.50
[2] Wadle: Die African Mission in Sudan, S.2
[3] Radeke / Paes: Zwischen Ignoranz, Delegation und dem Ruf nach militärischem Aktionismus, S.3
[4] Kinzel: Afrikanische Sicherheitsarchitektur, S.7
[5] ebd.
[6] Radeke / Paes: Zwischen Ignoranz, Delegation und dem Ruf nach militärischem Aktionismus, S.4

Facility (APF) zur Unterstützung afrikanischer Friedensoperationen im Rahmen des Europäischen Entwicklungsfonds" aus dem auch AMIS bezahlt wurde.[1] So lange die Mitglieder der AU nicht eigene Mittel für Friedensoperationen aufwenden können, bleibt die AU aber politisch abhängig von internationalen Geberländern. Gleichzeitig werden die als Entwicklungshilfe gedachten Mittel aus dem EU-Entwicklungsfonds zweckentfremdet und dienen nicht langfristigen Entwicklungsperspektiven, die für einen dauerhaften Frieden notwendig sind.[2]

Die AU-Mission im Sudan hat gezeigt, dass die AU nicht in der Lage ist eine Operation alleine zu bewältigen, die logistisch und zeitlich solche Dimensionen erreicht wie in Darfur. „Abgesehen von den politischen Problemen ist die AU heute mangels Ressourcen nicht in der Lage eine größere Region über einen längeren Zeitraum zu stabilisieren."[3] Die Afrikanische Union hat ihre sicherheitspolitischen Fähigkeiten mit ihrer Mission in Darfur bis zum Äußersten strapaziert.[4] Angesichts sich erschöpfender Kapazitäten und Ressourcenengpässe auch auf Seiten der UN, deren Einsätze ständig steigendes Personal erfordern und die nie zuvor so viele Polizisten und Soldaten im Rahmen von UN-Missionen einsetzte, scheint eine Stärkung von regionalen Sicherheitsmechanismen wie im Rahmen der Afrikanischen Union daher umso mehr eine dringende Notwendigkeit.[5]

> „In Anbetracht dieser Umstände kann die gegenwärtige Lage in Darfur nicht wirklich verwundern und die AU kann nicht alleine dafür verantwortlich gemacht werden. Umso wichtiger ist es, die Ambitionen der AU, die Probleme in Afrika selbst in die Hand zu nehmen und in den Griff zu bekommen, auch im Interesse Europas zu unterstützen."[6]

Beispielsweise wird das Ziel, bis 2010 die ASF aufzubauen vermutlich verfehlt werden. Der Aufbau grundlegender Kapazitäten und die Entsendung einzelner Missionen sind massiv auf internationale Unterstützung angewiesen.[7] Hier sind die USA und EU gefordert einen größeren politischen Willen zur Unterstützung der AU zu zeigen, auch wenn sich erst langfristig Wirkungen erzielen lassen.

---

[1] Klingebiel: Die neue Friedens- und Sicherheitsarchitektur in Afrika, S.50; Radeke / Paes: Zwischen Ignoranz, Delegation und dem Ruf nach militärischem Aktionismus, S.4
[2] Klingebiel: ebd., S.52
[3] Wadle: Die African Mission in Sudan, S.3
[4] Kinzel: Afrikanische Sicherheitsarchitektur, S.6; Wadle: Die African Mission in Sudan, S.3
[5] Kinzel: ebd., S.2Wadle: ebd., S.2
[6] Kinzel: Afrikanische Sicherheitsarchitektur, S.7
[7] Klingebiel: Die neue Friedens- und Sicherheitsarchitektur in Afrika, S.51

Die von der AU erbetene und von den UN akzeptierte Übernahme der AMIS-Mission scheiterte lange an der Blockadehaltung der sudanesischen Regierung. „Die kontinuierliche Obstruktionspolitik der sudanesischen Regierung und ihre Versuche, die ausländischen Regierungen gegeneinander auszuspielen, hatten einen großen Anteil an den nur zögerlichen Fortschritten."[1] China und Russland hatten eine Zustimmung zu einem UN-Mandat für Darfur stets von einem positiven Votum Khartums abhängig gemacht.[2] Vor allem die Veto-Macht China, die mit dem Sudan Öl gegen Waffen tauscht, hat eine Resolution zugunsten eines Einsatzes von UN-Soldaten sehr lange blockiert. Russland betreibt mit dem Sudan einen regen Waffenhandel und hat der sudanesischen Regierung auf dem Höhepunkt der Darfur-Krise im Juli 2004 sogar Kampfflugzeuge geliefert, weswegen ein Embargo den russischen Interessen vollkommen entgegengestanden hätte.[3] Hier zeigt sich die Priorität der nationalen Interessen der Veto-Mächte, die im Zweifelsfall einer humanitären Katastrophe nicht zu schnellem Eingreifen bereit sind, wenn dies ihren nationalen Interessen entgegensteht. Da eine Abschaffung des Vetorechts im UN-Sicherheitsrat nicht in Sicht ist, wird sich an dieser grundlegenden Problematik der Blockade im System nichts ändern.

AMIS als der erste größere Einsatz der Afrikanischen Union ist somit insgesamt ambivalent zu beurteilen. Zwar wurde ein ´schnelles` Eingreifen trotz mangelnder Zustimmung des UN-Sicherheitsrats möglich, die Möglichkeiten des Einsatzes blieben jedoch beschränkt. Die strukturellen Fähigkeiten der AU zu erhöhen, bedarf jedoch vor allem der Hilfe von außen, weshalb vor allem mehr internationale Anstrengung erforderlich ist. Vor allem aber muss sich die internationale Gemeinschaft Gedanken über die Ursachen von Konflikten wie in Darfur machen, um durch eine verstärkte Krisenprävention zukünftige Konflikte zu verhindern:

> „Der Darfur-Einsatz der Afrikanischen Union als „Testfall" für die neue afrikanische Sicherheitsarchitektur enthält aber auch eine Reihe von wichtigen Lehren für die internationale Gemeinschaft. So können sich die Regierungen der Industriestaaten ihrer moralischen Verantwortung für die Menschen in Darfur eben nicht durch die Delegation an die AU (verbunden mit einer finanziellen Mitgift) entledigen. Es mutet paradox an, dass eben jene westlichen Regierungen, denen am anfangs am politischen Willen für einen Einsatz der VN mangelte, die AU-Mission zunächst begrüßten, ihre Unterstützung zugleich vernachlässigten und schließlich die daraus unmittelbar resultierenden Unzulänglichkeiten als Grund für eine Ablösung durch eine Blauhelmmission angeben. Schwerer noch wiegt jedoch das Versäumnis aller Beteiligten sich ernsthafte Gedanken

---

[1] Radeke / Paes: Zwischen Ignoranz, Delegation und dem Ruf nach militärischem Aktionismus, S.2
[2] Wadle: Die African Mission in Sudan, S.1
[3] Bernhard, Regina / Hildegard Lingnau: Die Vereinten Nationen und die Darfur-Krise. Nationale Interessen stehen einer Lösung im Wege. In: Vereinte Nationen, 5 (2004), S.167-172, hier S.171

über die politischen und sozio-ökonomischen Ursachen des Konfliktes machen. Auch eine besser ausgerüstete internationale Truppe als die AMIS hätte kaum eine Chance einen Frieden zu wahren, der von wesentlichen Akteuren in Darfur abgelehnt wird und dessen grundlegendes Vertragswerk (das *Darfur Peace Agreement*) die Ursachen des Konflikts weit ausklammert."[1]

Die Einrichtung eines Krisenfrühwarnsystems, das die AU neben der ASF aufbauen will, wird also dringend gebraucht und verdient die Unterstützung internatonaler Geberstaaten. Das Peacekeeping der Zukunft wird vermutlich in der Kombination und Zusammenarbeit von regionalen, nationalen und internationalen Einheiten liegen. „Peacekeeping-Kapazitäten werden vermutlich eher auf regionaler Ebene und auf Länderbasis in begrenztem Umfang aufgebaut und dann auch der AU zur Verfügung gestellt werden, unterstützt von außerafrikanischen Mächten und den Vereinten Nationen."[2] Die Erfahrung der AMIS-Mission der Afrikanischen Union in Darfur hat gezeigt, dass auch regionale Lösungen ein substanzielles Engagement der internationalen Gemeinschaft erfordern, um eine Erfolgschance zu haben.[3] Um zukünftige Konflikte auf dem afrikanischen Kontinent zu vermeiden, bleibt für die internationale Gemeinschaft viel zu tun. Man kann nur hoffen, dass sie dieser Verantwortung gerecht werden wird.

---

[1] Radeke / Paes: Zwischen Ignoranz, Delegation und dem Ruf nach militärischem Aktionismus, S.4-5
[2] Matthies: Friedenspolitische Bearbeitung kriegerischer Konflikte, S.243
[3] Radeke / Paes: Zwischen Ignoranz, Delegation und dem Ruf nach militärischem Aktionismus, S.5

LITERATURVERZEICHNIS

- African Union: Protcol relating to the establishment of the Peace and Security Council of the African Union, AU-Website, URL http://www.africa-union.org/root/au/organs/psc/Protocol_peace%20and%20security.pdf, aufgerufen am 3.2.08

- Ansprenger, Franz: Afrika in der UNO. In: Schorlemer, Sabine von (Hrsg.): Praxishandbuch UNO. Die Vereinten Nationen im Lichte globaler Herausforderungen, Springer, Berlin/Heidelberg 2003, S.61-82

- Auswärtiges Amt: Der Dafur-Konflikt im Sudan, Auswaertiges Amt Website, URL http://www.auswaertiges-amt.de/diplo/de/Aussenpolitik/RegionaleSchwerpunkte/Afrika/SudanDarfur.html, aufgerufen am 4.1.08

- Bernhard, Regina / Hildegard Lingnau: Die Vereinten Nationen und die Darfur-Krise. Nationale Interessen stehen einer Lösung im Wege. In: Vereinte Nationen, 5 (2004), S.167-172

- Cilliers, Jakkie: Towards the African Union. In: African Security Review, 2 (2001), S.105-108

- Debiel, Tobias: Friedenseinsätze der UN in Afrika. Bilanz, Lehren und (mangelnde) Konsequenzen. In: Vereinte Nationen, 2 (2002), S.57-61

- Gründungsakte der Afrikanischen Union (AU). In: Ferdowsi, Mir A. (Hrsg.): Afrika – ein verlorener Kontinent? Bayerische Landeszentrale für politische Bildung, München 2004, S.315-324

- Gamillscheg, Hannes / Helmar Dumbs: Darfur-Mission vor dem Scheitern. Die Presse Website, URL http://diepresse.com/home/politik/aussenpolitik/354391/index.do, aufgerufen am 5.2.08

- Hofmeier, Rolf: Regionale Kooperation und Integration. In: Ferdowsi, Mir. A. (Hrsg.): Afrika – Ein verlorener Kontinent?, Bayerische Landeszentrale für politische Bildung, München 2004, S.189-224

- Khalafalla, Khalid Y.: Der Konflikt in Darfur. In: Aus Politik und Zeitgeschichte (APuZ), 4 (2005), S.40-46

- Klingebiel, Stephan: Die neue Friedens- und Sicherheitsarchitektur in Afrika: Interessen und Ansatzpunkte der G8 und EU. In: Klingebiel, Stephan: Afrika Agenda 2007. Ansatzpunkte für den deutschen G8-Vorsitz und die EU-Ratspräsidentschaft, Deutsches Institut für Entwicklungspolitik (DIE), Discussion Paper 18/2006, Bonn 2006, S.49-53

- Klingebiel, Stephan: Africa´s new peace and security architecture. In: African Security Review 14 (2) (2005), S.35-44

- Kinzel, Wolf: Afrikanische Sicherheitsarchitektur – ein aktueller Überblick, German Institute of Global and Area Studies (GIGA), Institut für Afrika-Studien, GIGA Focus Afrika, Hamburg 2007

- Kühne, Winrich: Die Friedenseinsätze der VN. In: Aus Politik und Zeitgeschichte (APuZ), 22 (2005), S.25-32

- Köndgen, Olaf: Tragödie in Dafur, Konrad-Adenauer-Stiftung, KAS-Auslandsinformationen, 10 (2004), S. 4-16, hier S.8

- Matthies, Volker: Friedenspolitische Bearbeitung kriegerischer Konflike. In: Ferdowsi, Mir A. (Hrsg.): Afrika – ein verlorener Kontinent? Bayerische Landeszentrale für politische Bildung, München 2004, S.225-248

- Matthies, Volker: Die UNO am Horn von Afrika: Die Missionen in Somalia (UNOSOM I, UNITAF, UNOSOM II) und in Äthiopien/Eritrea (UNMEE). In: Schorlemer, Sabine von (Hrsg.): Praxishandbuch UNO. Die Vereinten Nationen im Lichte globaler Herausforderungen, Springer, Berlin/Heidelberg 2003, S.41-60

- Matthies, Volker: Zwischen Erfolg und Fehlschlag. Die Friedensmissionen der Vereinten Nationen in Afrika, Vereinte Nationen, 3 (1995), S. 105-110

- Meinken, Arno: Militärische Kapazitäten und Fähigkeiten afrikanischer Staaten. Ursachen und Wirkungen militärischer Ineffektivität in Subsahara-Afrika, SWP-Studie, Berlin 2005

- Meyns, Peter: Von der OAU zur "Afrikanischen Union". In: Internationale Politik, 11 (2001), S. 45-52

- Öhm, Manfred: Sudan: Bringt der Teilfrieden von Abudja ein Ende der Gewalt in Darfur?, Friedrich-Ebert-Stiftung (FES), Kurzberichte aus der internationalen Entwicklungszusammenarbeit, Berlin 2006

- Perras, Arne: Dissonanter Chor für Darfur. In: Süddeutsche Zeitung, 145 (2007), 27.6.07

- Radeke, Helen / Wolf-Christian Paes: Zwischen Ignoranz, Delegation und dem Ruf nach militärischem Aktionismus. Die internationale Staatengemeinschaft und der Konflikt in Darfur, BICC-Focus 2, Bonn International Center for Conversion, Bonn 2006

- Richter, Nicolas: Das Drama in Darfur. In: Süddeutsche Zeitung, 176 (2007), 2.8.2007

- Schmidt, Siegmar: Prinzipien, Ziele und Institutionen der Afrikanischen Union. In: Aus Politik und Zeitgeschichte (APuZ), 4 (2005), S.25-32

- Strube-Edelmann, Birgit: Der Darfur-Konflikt – Genese und Verlauf, Deutscher Bundestag, Wissenschaftliche Dienste, WD 2 – 186/06, Berlin 2006

- Tull, Dennis: Der Sudan nach dem Naivasha-Friedensvertrag. Noch kein Anlass zur Euphorie, SWP-Aktuell, Berlin 2005

- United Nations Peacekeeping, UN Website, URL http://www.un.org/Depts/dpko/dpko/, aufgerufen am 27.12.07

- UN Security Council: Resolution 1564 (2004), UN Website, URL http://daccessdds.un.org/doc/UNDOC/GEN/N04/515/47/PDF/N0451547.pdf?OpenElement, aufgerufen am 3.2.08

- UN Security Council: Resolution 794 (1992), UN Website, URL http://daccessdds.un.org/doc/UNDOC/GEN/N92/772/11/PDF/N9277211.pdf?OpenElement, aufgerufen am 27.12.07

- Varwick, Johannes / Sven Bernhard Gareis: Die Vereinten Nationen. Aufgaben – Instrumente – Reformen, 2. Aufl., Leske+Budrich, Opladen 2002

- Wadle, Sebastian: Die African Mission in Sudan. Schlüssel für den Frieden in Darfur, SWP-Aktuell, Berlin 2006